Nina Franz

Computerspiele

Keine Mauer zwischen mir und meinem Kind, sondern eine Brücke zu einer tieferen Beziehung

Das Arbeitsbuch

Nina Franz

Computerspiele

Keine Mauer zwischen mir und meinem Kind, sondern eine Brücke zu einer tieferen Beziehung

Das Arbeitsbuch

Tübingen
2023

Kontakt:

Kindsugi (Nina Franz)
c/o Postflex #3526
Emsdettener Str. 10
48268 Greven

Telefon: +49 175 934 75 05
E-Mail: info@kindsugi.de
Internet: www.kindsugi.de

Meinem Bruder Marc und meinem Ehemann Philip gewidmet

Bibliografische Information der Deutschen Nationalbibliothek
Die Deutsche Nationalbibliothek verzeichnet diese Publikation in der Deutschen Nationalbibliografie; detaillierte bibliografische Daten sind im Internet über http://dnb.d-nb.de abrufbar.

Im Sudhaus
Hechinger Straße 203
72072 Tübingen

E-Mail: mail@dgvt-Verlag.de
Internet: www.dgvt-Verlag.de

Satz: Julia Franke, Tübingen
Druck: Printed in Germany

Auch als E-Book erhältlich: ISBN 978-3-87159-480-9

ISBN 978-3-87159-180-8

Inhalt

Wichtige Hinweise

Das möchte dieses Buch erreichen:

- Einen bessereren gemeinsamen Umgang mit dem Thema „Computerspielen" in Ihrem Familienalltag

Das möchte dieses Buch nicht erreichen:

- Den Schuldigen für die Konflikte oder Uneinigkeiten innerhalb Ihrer Familie finden

Wenn Ihr Familienleben bereits sehr angespannt ist und es immer wieder Schuldzuweisungen (auch zwischen Ihnen und Ihrem Partner) gibt, bearbeiten Sie das Buch bitte jeweils allein.

Dieses Buch ersetzt keine Psychotherapie oder medizinische Betreuung durch einen Facharzt. Bitte holen Sie sich rechtzeitig Hilfe, wenn Sie oder Ihr Kind diese benötigen.

Das ist ein Arbeitsbuch: Bitte sorgen Sie für eine ruhige Arbeitsumgebung und setzen Sie die Übungen und Tipps möglichst um, bevor Sie weiterlesen.

Aus Gründen der besseren Lesbarkeit wird auf die gleichzeitige Verwendung der Sprachformen männlich, weiblich und divers (m/w/d) verzichtet.

I. „Zeitverschwendung“

„Zeitverschwendung“
„Das macht mein Kind aggressiv“
„Wenn ich den ganzen Tag vor dem Kasten sitzen würde, dann würde es mir auch schlecht gehen.“

Das sind die Beschreibungen, die ich oft von Eltern höre. Was all diese Aussagen gemeinsam haben, ist eine sehr starke Abneigung gegenüber dem Computer (/der Konsole) und diesen Spielen, an denen Ihr Kind offensichtlich mehr Interesse hat als an allen „wichtigeren und interessanteren Dingen des Lebens“.

Doch nun erst einmal eine Frage an Sie:

Was fesselt Sie? Was machen Sie so gerne, dass Sie alles um sich herum vergessen?

Was lässt Ihr Herz höherschlagen?
Lassen Sie sich mit der Antwort ruhig Zeit. Es sollte nichts sein, was Sie nur mit Ihrem Partner zusammen gerne machen. Nur Sie allein! Wenn Ihnen ak-

tuell nichts einfällt, dann schauen Sie ein wenig in die Vergangenheit. Gab es da etwas, das Sie einfach wahnsinnig gerne gemacht haben? Bestimmt!

Stellen Sie sich nun eine Person vor, deren Meinung Ihnen sehr wichtig ist.

Diese Person ist: ______________________________

Stellen Sie sich nun vor: Die Person steht vor Ihnen und Sie erzählen ihr von dieser einen Sache, die Sie sehr gerne tun. Schon allein das Erzählen und die Vorstellung löst bei Ihnen ein schönes Gefühl aus.

Die Person runzelt die Stirn.
Sie sieht sehr verständnislos aus und fragt, was an dieser Sache denn so schön für Sie ist.

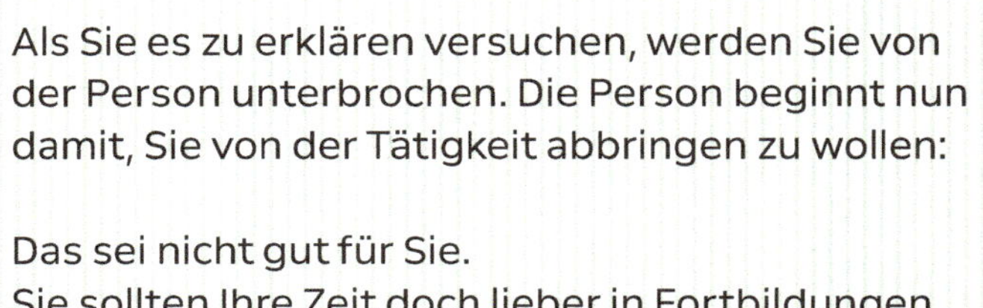

Als Sie es zu erklären versuchen, werden Sie von der Person unterbrochen. Die Person beginnt nun damit, Sie von der Tätigkeit abbringen zu wollen:

Das sei nicht gut für Sie.
Sie sollten Ihre Zeit doch lieber in Fortbildungen investieren. Dann würden Sie im Berufsleben auch weiterkommen.

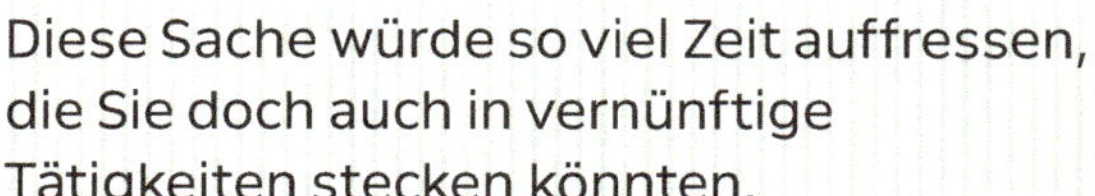

Diese Sache würde so viel Zeit auffressen, die Sie doch auch in vernünftige Tätigkeiten stecken könnten.

Außerdem verstehe die Person sowieso nicht, wie man so etwas gut finden kann.

Wie fühlen Sie sich?

Wahrscheinlich haben Sie Unverständnis über diese Aussagen gefühlt. Diese Sache, die Ihnen so viel Freude bereitet, ist bestimmt etwas, das bei den meisten Ihrer Bekannten eher Zuwendung, Interesse und weitere positive Reaktionen hervorruft. Vielleicht regte sich in Ihnen auch ein wenig Wut über diese Unverschämtheit, Ihr Hobby einfach so „herunterzumachen".

Vielleicht haben Sie ähnliche Situationen auch schon mit Ihrem Partner, Ihren eigenen Eltern, Freunden oder Bekannten erlebt.

Merken Sie sich diese Gefühle.

Nun wechseln wir zur Sicht Ihres Kindes in einer ähnlichen Situation:

Ich habe ein Spiel entdeckt, in dem ich in kürzester Zeit wirklich deutlich besser geworden bin. Von meinen Freunden und auch anderen Leuten im Spiel habe ich viel Lob dafür bekommen. Wenn ich nur an das Spiel denke, merke ich, wie Freude in mir aufsteigt. Ich habe noch viel in dem Spiel vor.

Ich gehe zu einer Person, deren Meinung mir sehr wichtig ist. Denn sie hat mir mein ganzes Leben lang geholfen, sich um mich gekümmert und ist viel älter und schlauer als ich. Manchmal habe ich das Gefühl, diese Person könnte alles besser als ich. Deshalb bewundere ich sie und will auch, dass sie mich bewundert.

Ich will der Person zeigen, dass ich etwas gefunden habe, in dem ich wirklich gut bin. Vielleicht sogar besser als die Person selbst. Zum allerersten Mal in meinem Leben. Ich bin so stolz auf mich selbst und freue mich schon darauf, wie ich von ihr für meine Leistung gelobt werde. Das wird toll!

Ich erzähle der Person von diesem Spiel und wie viel Freude es mir macht. Schon während dem Erzählen merke ich, dass sie die Stirn runzelt und nicht zu verstehen scheint, warum das, was ich geleistet habe, so überragend ist.

Die Person stellt ein paar kurze Fragen, die aber zeigen, dass sie die Antworten eigentlich gar nicht wirklich interessieren. Ich will ihr noch einmal erklären, warum das Spiel so toll ist. Vielleicht habe ich beim ersten Mal nicht genau genug erzählt.

Die Person wirkt von meinem Redeschwall angestrengt und möchte auf ein anderes Thema ablenken. Ich merke, wie eine Mischung aus Unverständnis und Wut in mir hochsteigt. Warum versteht sie nicht, wie schwer es war, das zu erreichen? Wieso versteht sie nicht, dass mir dieses Spiel so viel Freude bereitet?

Wieder versuche ich, es noch genauer zu erklären. Vielleicht war es zuvor noch nicht genau genug. Jetzt wird die Person wütend. Sie beginnt nun selbst zu erklären, weshalb dieses Spiel nicht gut für mich sei. Weshalb ich mehr mit Freunden machen sollte. Weshalb ich meine Zeit verschwenden würde.

Ich merke, wie ich immer wütender und trauriger werde.
Warum sagt die Person so etwas? Vielleicht habe ich es nicht gut genug erklärt. Ich versuche es später noch einmal.

Anekdote aus der Wissenschaft

Es gibt viele verschiedene Modelle zum Thema „Kommunikation" und viele von ihnen würden hier sehr gut passen. Dies ist jedoch kein Fachbuch, weswegen ich auf allzu wissenschaftliche Abschweifungen verzichten möchte. Die folgende Geschichte möchte ich Ihnen jedoch nicht vorenthalten.

Erzählt wird sie von dem österreichischen Psychotherapeuten (u. a.) Paul Watzlawick in seinem Buch „Wie wirklich ist die Wirklichkeit?"

Er war an einem wunderschönen Ort und hat dort die Natur, die Stille und Ruhe genossen. Die Sonne schien und es war wunderschön.

Plötzlich geht hinter ihm der Lärm los. Es hört sich an, als würde jemand mit einer leeren Bierdose Fußball spielen. Er fragt sich, ob das denn immer sein müsse? Ob immer jemand kommen und ihm seinen ruhigen, entspannten, wunderschönen Moment kaputt machen müsse?

Er dreht sich um, um die Person „mit seinem Blick zu ermorden". Doch im Bruchteil einer Sekunde verändert sich seine Stimmung.

Denn wer mit der Bierdose spielte, war ein Hund. Und er habe noch nie ein Tier mit einer solchen Hingabe und Freude spielen gesehen. Das war wirklich wunderschön. Er sah ihm eine Zeitlang zu und erfreute sich daran. Dann drehte er sich wieder um und genoss die Aussicht.

Der Lärm hinter ihm ging weiter wie zuvor, doch nun war sie ein Teil der Harmonie.

Was hat das nun mit mir zu tun?

Durch die Veränderung des Kontextes, in dem Sie eine Sache sehen, können sich auch die Gefühle ändern, die durch diese ausgelöst werden.

Wie in der Geschichte von Watzlawick zu sehen ist, kann Lärm plötzlich mit der Freude daran verbunden werden, einem Hund beim Spielen zuzusehen, sich an der Freude dieses Wesens zu beteiligen und so den Kontext des Lärms zu ändern.

Auch Sie haben Freude an Dingen und erwarten von Ihrem Gegenüber, dass er diese Freude mit Ihnen teilt.

Bitte nehmen Sie sich die Zeit, das umzusetzen, bevor Sie mit dem Buch fortfahren:

Hören Sie Ihrem Kind aktiv zu, wenn es über das Spielen spricht.

Spüren Sie die Freude, die es dadurch hat. Sie sind in diesem Moment nicht als Erziehender gefragt, sondern als Elternteil, der sich darüber freut, dass sein Kind so viel Freude an einer Tätigkeit hat.

Versuchen Sie, in diesen Momenten die Gedanken daran auszublenden, dass Ihr Kind wieder mehr gespielt hat, als vereinbart war, die Hausaufgaben nicht erledigt hat etc. etc.

Das können Sie an einem anderen Zeitpunkt mit ihm besprechen.

In diesen Momenten geht es erst einmal nur darum, sich mit dem Kind zu freuen.

Sonst nichts.

II. Zwischenübung: Konzentration auf das Gute in Ihrem Kind

Wenn Sie das Gefühl haben, Sie würden in den letzten Wochen oder Monaten nur noch schimpfen und kaum noch schöne Momente mit Ihrem Kind erleben, dann könnten diese kleinen Übungen helfen.

Spaßstunde

Legen Sie eine Stunde pro Woche (oder öfter) fest, in der Sie mit Ihrem Kind etwas machen, was Ihnen beiden viel Spaß macht. Je angespannter das Verhältnis zwischen Ihnen ist, desto kürzer sollten die Zeiteinheiten sein. (15/30 Min.)

Schieben Sie in dieser Zeit alle elterlichen Pflichten zur Seite und genießen Sie nur die Zeit mit Ihrem Kind.

Am besten geeignet ist dafür eine Umgebung, in der keine Gefahr vorhanden ist, vor der Regeln Ihr Kind schützen. (Also beispielsweise nicht neben einer stark befahrenen Straße, auf dessen Gefahr Sie Ihr Kind natürlich hinweisen müssen o. Ä.)

Beispiele aus der Praxis: Gemeinsames Ansehen eines lustigen Films, Lesen eines Witzebuchs, Fangen spielen, Ballspiele, Brettspiele etc. (Bei Jugendlichen müssen die Aktivitäten natürlich entsprechend angepasst werden.)

Diese Aktivitäten fallen mir spontan ein:

Konzentration auf das Positive

Notieren Sie sich jeden Tag mindestens drei Dinge, die Ihr Kind gut gemacht hat, bei denen Sie es bewundert haben, Sie sich über das Kind gefreut haben, den Witz lustig fanden etc.

Vereinbaren Sie einen Zeitpunkt, zu dem Sie all diese positiven Sachen an Ihr Kind zurückgeben. Am besten am Abend vor dem Schlafengehen.

Vermeiden Sie Formulierungen wie: „Du hast endlich mal dein Zimmer aufgeräumt", sondern sagen Sie stattdessen lieber: „Du hast so lange an deinem Zimmer gearbeitet, bis es super aussah".

Auch Sie als Eltern leisten sehr viel und verdienen Lob. Wenn Ihr Kind oder Partner dazu bereit sind, dann können auch sie mindestens drei Dinge aufschreiben, die Sie heute toll gemacht haben und diese am Abend an Sie zurückgeben.

Diese drei Dinge fallen mir für gestern gleich ein:

Das mag ich an meinem Kind

Oft fällt es sehr leicht, an sich selbst und anderen Dinge zu finden, die stören und die man ändern möchte. Aber was mögen Sie an Ihrem Kind?

Damit ist nicht unbedingt gemeint, was Ihr Kind gut kann, sondern: Wann bringt es Sie zum Lachen? Was schätzen Sie an ihm als Mensch? Wann wären Sie manchmal gerne wie es?

III. „Herumgeballere“

„Die Themen von Computerspielen interessieren mich nicht.“
„Computerspiele sind etwas für Kinder.“
„Ich könnte mich bei so etwas nicht entspannen.“

Was ich in Gesprächen mit Eltern immer wieder höre ist, dass Computerspiele allgemein auf die Spiele reduziert werden, die das Kind im Moment spielt. Also oft Spiele wie „Fortnite“ oder „Call of Duty“, bei denen die Eltern nur mit Mord und Totschlag konfrontiert werden. Und ja ... es ist sehr nachvollziehbar, dass Sie sich davon nicht angesprochen fühlen. Denn diese Spiele sind nicht unbedingt zum Zuschauen entwickelt und erst recht nicht zum Entspannen.

Welche Art von Filmen sehen Sie gerne?
Welche Art von Büchern/Geschichten lesen Sie gerne?

Wenn ich Ihnen völlig wahllos ein Buch/einen Film geben würde, ohne Rücksicht auf Ihre Interessen zu nehmen, wäre die Wahrscheinlichkeit gering, dass es Ihnen gefallen würde.

Eine Krimiliebhaberin würde sich freiwillig keinen Liebesfilm ansehen. Jemand, der Actionfilme mit vielen Explosionen liebt, fühlt sich von einer Dokumentation über die Seen Deutschlands vielleicht gelangweilt.

Auch Computerspiele sind nicht gleich Computerspiele. Es gibt laute, aufgedrehte, hektische. Es gibt aber auch die mit viel historischem Wissen, einer spannenden Kriminalgeschichte oder langen Tauchgängen durch faszinierende Unterwasserwelten.

Film ist nicht gleich Film,
Buch ist nicht gleich Buch
und Spiel ist nicht gleich Spiel!

Vergessen Sie jetzt einfach einmal alles, was Sie von Ihrem Kind, den Medien und anderen Eltern über Computerspiele gelernt haben und suchen Sie sich von den nun folgenden Beschreibungen ein oder mehrere Spiele aus.

Nehmen Sie sich Zeit und Ruhe und schauen Sie das Video alleine an.

Keiner erwartet von Ihnen danach, ein Spieleliebhaber zu werden. Es geht nur darum, eine Vorstellung davon zu bekommen, was Computerspiele sein können. Die folgenden Spiele sind teilweise nicht für Kinder, sondern für Erwachsene geeignet.

Das ist nur ein kleiner Ausschnitt von vielen verschiedenen Spielen, die sich hinter dem Begriff „Computerspiele" verstecken. Hinzu kommen auch noch völlig andere Konzepte, wie beispielsweise Spiele auf der Wii oder Switch, die Bewegung und Konstruktionen in das Spiel mit einbeziehen.

Die QR-Codes zu den verlinkten Videos finden Sie im Anhang am Ende des Buches.

Krimi/Fantasy

„The Wolf among us“

Die Figuren aus verschiedenen Märchen der Gebrüder Grimm leben in einer modernen Welt zusammen. Doch plötzlich gibt es verschiedene mysteriöse Morde.

Wir spielen den „bösen Wolf", der in dieser Welt versucht, seinem schlechten Ruf entgegenzuwirken, und als Detektiv arbeitet, um den Mörder zu finden.

Wie hat Ihnen das Spiel gefallen?
Was hat Ihnen gut, was hat Ihnen schlecht gefallen?
Was war für Sie überraschend?

Action

„Quantum Break“

Der Hauptcharakter erlangt durch misslungene Zeitexperimente die Fähigkeit zur Manipulation der Zeit.

Zwischen den Abschnitten, in denen man selbst spielt, werden kurze Filmausschnitte mit echten Schauspielern gezeigt. (Animiert & Film)

Wie hat Ihnen das Spiel gefallen?
Was hat Ihnen gut, was hat Ihnen schlecht gefallen?
Was war für Sie überraschend?

Dokumentationen/Erdkunde

„GeoGuessr“

In diesem Spiel wird man an einem beliebigen Ort auf der Welt ausgesetzt und muss schneller als der Gegenspieler herausfinden, wo man sich befindet.

Hierbei ist nichts animiert, sondern es werden echte Bilder aus Google Street View verwendet.

Wie hat Ihnen das Spiel gefallen?
Was hat Ihnen gut, was hat Ihnen schlecht gefallen?
Was war für Sie überraschend?

Abenteuer Unterwasser

„ABZÛ“

Sie tauchen durch Unterwasserwelten und lösen Rätsel bei atmosphärischer Musik.

Wie hat Ihnen das Spiel gefallen?
Was hat Ihnen gut, was hat Ihnen schlecht gefallen?
Was war für Sie überraschend?

Krimi/Drama

„Heavy Rain“

In einer Stadt namens Heavy Rain treibt ein Serienkiller sein Unwesen. Wir spielen als vier verschiedene Charaktere, deren Geschichten miteinander verbunden sind.

Ein sehr düsteres Spiel, bei dem vor allem die Handlung im Fokus steht.

Es gibt viele verschiedene Enden.

Man kann es also viele Male spielen und die Geschichte kann jedes Mal etwas anders ausgehen.

Wie hat Ihnen das Spiel gefallen?
Was hat Ihnen gut, was hat Ihnen schlecht gefallen?
Was war für Sie überraschend?

Geschichte

„11–11 Memories Retold“

Man spielt den ersten Weltkrieg aus der Sicht eines Deutschen und eines Kanadiers.

Dabei stößt man auf viele moralische Probleme und bekommt Einblicke in den Lebensalltag eines Soldaten, aber auch der Angehörigen derselben im ersten Weltkrieg.

Wie hat Ihnen das Spiel gefallen?
Was hat Ihnen gut, was hat Ihnen schlecht gefallen?
Was war für Sie überraschend?

Anekdote aus der Wissenschaft

„Das Spiel gehört zu den fundamentalen Lebenssystemen des Menschen."

In dem Buch „Psychologie des Kinderspiels" der Universität Passau werden Computerspiele als computergestützte Rollenspiele bezeichnet. Unter einem eigentlichen Rollenspiel (nicht digital) versteht man das geleitete Übernehmen einer Rolle, die es im Alltag nicht gibt. Wie beispielsweise Ritter im Mittelalter, Revolverheld im Wilden Westen o. Ä.

Der Computer vereinfacht solche Rollenspiele, da es keinen Spielleiter geben muss, sondern man mit mehreren Spielern online oder auch ganz alleine in einer fiktiven Welt spielen kann.

Man könnte das Computerspiel also als weitere Art des kindlichen Rollenspiels sehen.

Was hat das mit mir zu tun?

Was war Ihr bisheriges Ziel, wenn Sie sich mit Ihrem Kind und dem Spielen auseinandergesetzt haben? Wahrscheinlich: „Mein Kind soll so wenig wie möglich spielen."

Dieses Ziel können Sie natürlich auch weiterhin beibehalten.

Doch vielleicht möchten Sie es durch einen weiteren Aspekt ergänzen: „Mein Kind soll Spiele, die ihm nicht guttun, so wenig wie möglich spielen."

Vielleicht gibt es Spiele, die Ihr Kind aggressiv machen.

Vielleicht gibt es aber auch Spiele, die Ihr Kind beruhigen, interessieren, ihm Freude bereiten und in denen es mit Freunden interagieren kann.

Bitte nehmen Sie sich Zeit, dies umzusetzen, bevor Sie mit dem Buch fortfahren:

Reflektieren Sie mit Ihrem Partner oder (je nach Alter und aktueller Beziehung) mit Ihrem Kind zusammen, welche Spiele wie auf es wirken.

Um verschiedene Arten von Spielen auszuprobieren, ohne alle teuer kaufen zu müssen, bieten sich Angebote der Konsolenhersteller wie GamePass (Xbox/PC) oder Verleihshops an. Ziel ist es, dass Ihr Kind lernt, dass es Computerspiele für sich nutzen kann, um sich auszupowern, Spaß zu haben, zu entspannen, Schulstoff zu üben etc.

Diese Informationen sind ebenfalls wesentlich, um nicht nur feste Spielzeiten festzulegen, sondern Ihr Kind auch soweit zur Selbstständigkeit zu erziehen, dass es dies später als Erwachsener auch für sich nutzen kann. Denn Jugendliche hören nicht plötzlich an ihrem 18. Geburtstag mit dem Spielen auf.

Spiel **Wirkung**

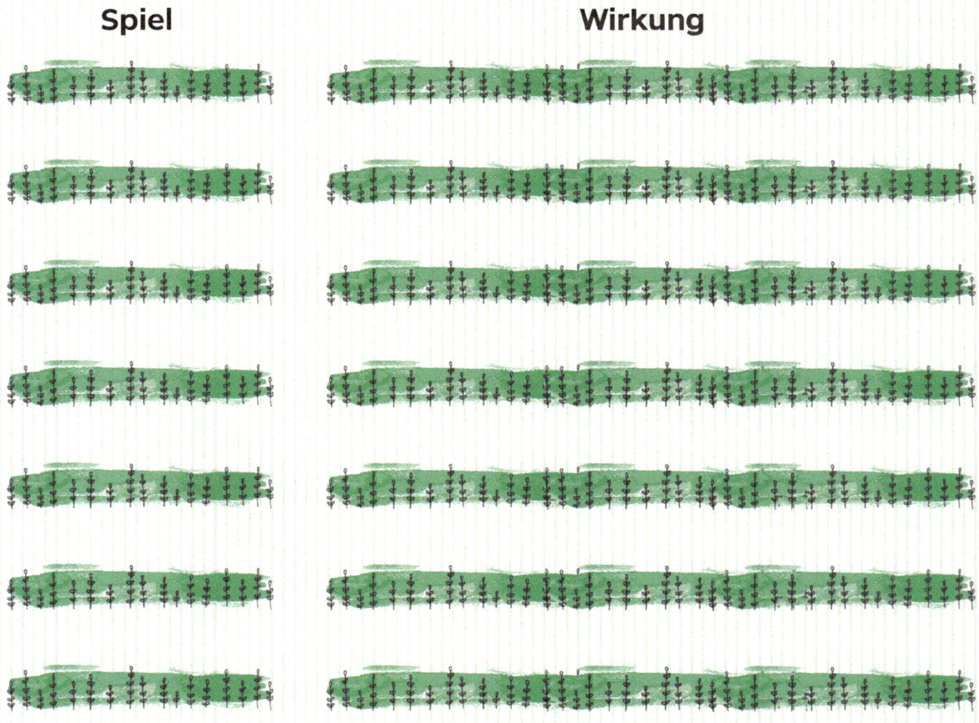

IV. „Schon wieder überzogen"

„Ich soll mein Kind zur Selbstständigkeit erziehen, aber es schafft es nicht einmal, den Computer zu einem bestimmten Zeitpunkt abzuschalten."

„Immer müssen wir mit dem Essen warten, weil es noch fertigspielen will."

„Es gibt regelmäßig Eskalationen, weil ich mein Kind in wichtigen Spielmomenten störe. Dann soll es eben auf Pause drücken."

Es gibt einige wichtige Punkte, die geklärt werden müssen, bevor man Absprachen über die Spielzeit machen kann.

Ihr Kind spielt ein Multi-Player-Spiel

= mehrere Spieler spielen zusammen online/offline

Ihr Kind verabredet sich mit seinen Freunden wahrscheinlich zu einer bestimmten Uhrzeit. Da viele Spiele entweder nur mit einer bestimmten Anzahl von Spielern gespielt oder gemeinsam begonnen/beendet werden können, geht es damit auch eine gewisse Verpflichtung ein. Seine Freunde verlassen sich hier auf es und Ihr Kind macht sich (meist berechtigt) Sorgen, dass ihm Unzuverlässigkeit nachgetragen wird. Manche Spiele bestrafen Spieler auch direkt, wenn sie Spiele frühzeitig verlassen.

Ihr Kind spielt alleine

Es gibt Spiele, die man jederzeit pausieren und speichern kann. Meist sind das Spiele, die das Kind alleine spielt. Aber auch bei diesen kann man oft nur an einer bestimmten Stelle im Spiel oder nach einer gewissen Zeitperiode speichern. Um Absprachen sowohl mit Ihnen als auch mit seinen Freunden einzuhalten, wird Ihr Kind sicherlich Hilfe beim Zeitmanagement benötigen. Vereinbarungen, die Sie eingehen könnten:

Feste Uhrzeiten, an denen Ihr Kind spielen darf, die auch lange zuvor bekannt sind.

Hilfe bei der Kommunikation mit Freunden: Je nachdem, wie alt Ihr Kind ist, könnte es bei der Planung mit den Freunden Hilfe benötigen. Das bedeutet nicht, dass Sie „Spiel-Dates" für Ihr Kind vereinbaren sollen, sondern dass Sie es bei Fragestellungen in der Zeitplanung unterstützen sollten.

Feste Uhrzeit des Abendessens/ Termine, für die Ihr Kind das Spielen beenden soll.

Zeitpunkt, zu dem ein letztes Spiel begonnen werden kann.

Spielumgebung: Es gibt Spiele, bei denen sich Ihr Kind sehr stark konzentrieren und alle Geräusche hören muss. Wenn es in einer Umgebung spielt, in der viele Geräusche oder andere Personen sind, kann das unnötigen Stress auf Seiten Ihres Kindes und damit oft vermeidbare Konflikte hervorrufen.

Welche Gefühle lösen diese Hinweise in Ihnen aus?

Diese Frage stelle ich, weil an dieser Stelle meist viel Wut bei den Eltern ausgelöst wird. Meist tauchen Gedanken auf wie:

„Soll ich nun Experte im Computerspielen werden, nur um es meinem Kind recht zu machen?!"

Ich verstehe Ihre Frustration an diesem Punkt. Doch es geht nicht darum, dass Ihr Kind hier machen kann, was es will. Es werden Regeln festgesetzt und diese müssen von beiden Seiten befolgt werden. Doch müssen diese auch von Ihrem Kindes erfüllbar sein.

Wenn die Regeln von Ihrem Kind nicht befolgt werden können, weil es das Spiel nicht zulässt, kommt es zu Frustration auf beiden Seiten.

Und ich denke, diese Frustration und Konflikte kennen Sie, sonst würden Sie dieses Buch nicht lesen.

Bitte nehmen Sie sich Zeit, dies umzusetzen, bevor Sie mit dem Buch fortfahren:

Sammeln Sie die wichtigsten Informationen gemeinsam mit Ihrem Kind über die Spiele, die es am häufigsten spielt:

Spielt Ihr Kind das Spiel alleine/mit anderen?
Wie lange dauert es (höchstens), um das Spiel zu speichern?
Wie sollte die Spielumgebung sein?

Spiel	Multi-Player?	Speicherzeit	Spielumgebung

Wenn es Ihr Alltag zulässt, legen Sie mit Ihrem Kind feste Spielzeiten fest:

Machen Sie diese auch für Ihr Kind gut sichtbar und nachvollziehbar. Je nach Alter reicht vielleicht eine Notiz neben der Uhr oder eine Stoppuhr, die die noch verbleibende Zeit anzeigt.

Wenn der Zeitplan steht, können noch zwei mögliche Konsequenzen festgesetzt werden:

Was passiert, wenn die Absprache eingehalten wird? (z. B. für jeden Tag, an dem sie eingehalten wurde, am folgenden Wochenende X Minuten mehr Spielzeit)

Was passiert, wenn die Absprache nicht eingehalten wird? (z. B. am nächsten Tag kein Spielen)

Hier sind vor allem Sie und Ihr Partner gefordert, dies konsequent durchzusetzen – und zwar auf die Minute genau.

Ein Spielverbot kann beispielsweise so umgesetzt werden:

- WLan-Passwort ändern
- Computer aus dem Zimmer entfernen
- Passwort am Computer ändern

Das wird erst einmal sehr viel Zeit und Durchhaltevermögen von Ihnen und Ihrem Partner erfordern, doch so kann Ihr Kind einen gesunden Umgang mit dem Spielen lernen. Wichtig ist dabei auch, dass Sie diese Regeln gemeinsam mit Ihrem Kind erarbeiten und diese für alle jederzeit einsehbar und nachvollziehbar sind.

Wichtig ist hierbei:

Sie fordern von Ihrem Kind Zuverlässigkeit und Rücksicht auf Ihre Zeit. Gleichzeitig ist aber auch Ihr Kind ein Mensch mit Bedürfnissen. Wenn es während seiner Spielzeit alleine im Zimmer sein und nicht gestört werden möchte, dann ist dies sein gutes Recht. Sie stellen eine Forderung an Ihr Kind und es eine an Sie als Eltern. Nur wenn Sie Ihren Teil der Abmachung einhalten, können Sie von Ihrem Kind erwarten, dass es das ebenfalls tut.

Beispiele für die Umsetzung:

Vertrag

Erarbeiten Sie gemeinsam mit Ihrem Kind Regeln, die die folgenden Fragen beantworten, und schreiben Sie es in Form eines Vertrags auf. Beide Parteien unterschreiben und verpflichten sich zur Einhaltung.

- Welche Spiele dürfen gespielt werden?
- Wann sollte das letzte Spiel begonnen werden? (Falls man nicht jederzeit speichern kann)
- Wann muss der Computer/die Konsole abgeschaltet sein?

Aber auch:

- Soll die Tür während dem Spielen geschlossen bleiben?
- Dürfen die Eltern während der Spielzeit klopfen/ ins Zimmer kommen?
- Falls dringende Fragen aufkommen, die während der Spielzeit mit dem Kind besprochen werden müssen und nicht verschoben werden können: Wie wird das gehandhabt? (z.B. in Whatsapp/Steam schreiben und Ihr Kind hat den Chat am Computer für solche Fälle offen etc.)

Es sollte ebenfalls ergänzt werden, was passiert, wenn sich eine Partei nicht an die Absprache hält.

Beispielsweise:
Wenn der Computer nicht um 19:00 Uhr abgeschaltet ist, wird er für den nächsten Tag aus dem Zimmer entfernt. Wenn die Eltern sich nicht daran halten, das Zimmer während der Spielzeit nicht zu betreten, erhält das Kind/ der Jugendliche 15 Minuten mehr Spielzeit.

Gemeinsam Lösungen finden

Es kann passieren, dass die Regeln nicht eingehalten werden, obwohl Ihr Kind sich bemüht, es zu tun. Die vereinbarte Konsequenz sollte trotzdem erfolgen.

Zusätzlich sollten Sie aber immer noch einmal besprechen, weshalb die Regeln nicht eingehalten werden konnten. Vielleicht wurde beispielsweise vergessen, wann das letzte Spiel spätestens gestartet werden sollte. Dann kann in Zukunft ein Wecker gestellt werden, der zu diesem Zeitpunkt klingelt.

Oder wenn das Kind alleine spielt, war es vielleicht so vertieft, dass es den Zeitpunkt des Abendessens vergessen hat. Hier kann ebenfalls mit Weckern nachgeholfen werden.

So könnte die Planung der Wecker beispielsweise aussehen:

- 30 Minuten vor dem Ende der Spielzeit
- 15 Minuten vor Ende
- 5 Minuten vor Ende
- Jetzt Abschalten

Gegebenenfalls machen pro Stufe auch andere Lieder/Töne/Audioaufnahmen etc. Sinn. Probieren Sie hier mit Ihrem Kind aus, was am besten klappt.

Verhalten von Beziehung trennen

Selbst wenn sich Ihr Kind an diesem Tag nicht an die Regeln gehalten hat und vielleicht noch ein Wutanfall hinzukam, als der Computer abgeschaltet werden musste, sollte die vereinbarte Konsequenz ausreichen. Sie sollten es nicht zusätzlich noch mit Kommentaren oder Schweigen bestrafen.

Natürlich sind auch Sie nur ein Mensch und wütend, wenn eine Vereinbarung nicht eingehalten wurde. Aber falls es Ihnen möglich ist, zeigen Sie es Ihrem Kind nicht auf diese Weise. Die vereinbarte Konsequenz für das Verhalten wird gezogen. Das heißt nicht, dass Sie am nächsten Tag deswegen nichts Schönes mit Ihrem Kind unternehmen dürfen.

Bitte nehmen Sie sich Zeit, dies umzusetzen, bevor Sie mit dem Buch fortfahren:

Sammeln Sie zunächst getrennt voneinander, welche Regeln aufgestellt werden sollten:

(1) Ihr Kind, (2) Sie selbst, (3) Ihr Partner

Dann erst setzen Sie sich zusammen und finden einen Kompromiss. Bitte beachten Sie Folgendes:

- Es gibt während der Spielzeit nicht nur Regeln für Ihr Kind, sondern auch für Sie und Ihren Partner.
- Für jede Regel wird eine Konsequenz festgesetzt, die eintritt, wenn die Regel nicht eingehalten wird.
- Es muss keine endgültige Vereinbarung sein. Sie kann allerdings nur geändert werden, wenn alle damit einverstanden sind.

Vorschläge Kind:

Vorschläge Partner 1:

Vorschläge Partner 2:

Vertrag:

zwischen

und

und

Regel	Wenn eingehalten	Wenn nicht eingehalten

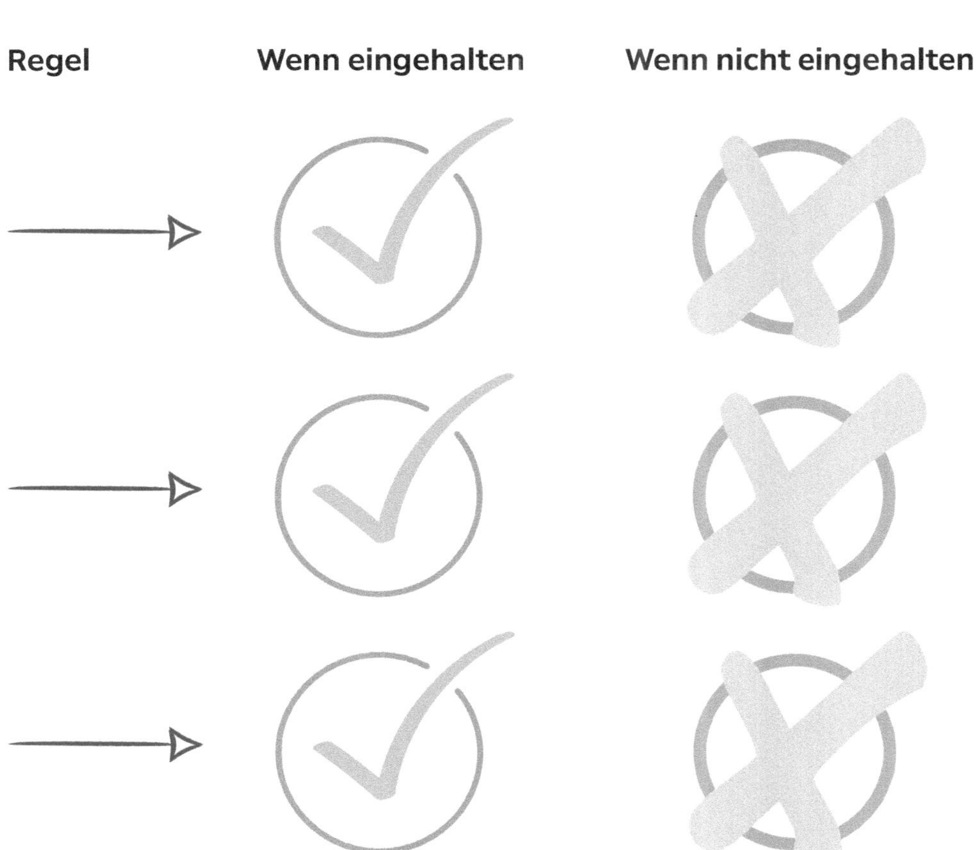

V. Das Spielen nicht als Mauer, sondern als Brücke

Bisher kam Ihnen das Spielen Ihres Kindes wahrscheinlich wie eine Mauer vor, die zwischen Ihnen und Ihrem Kind steht. Das muss aber nicht so sein. Stattdessen kann es auch eine Möglichkeit werden, einen besseren Zugang und eine tiefere Beziehung zu ihm zu entwickeln.

Wichtig ist aber erst einmal, dass Sie Ihre eigene Einstellung an diesem Punkt des Buches hinterfragen:

Wo stehen Sie gerade?

- Wenn ich nur an das Spielen denke, dann spüre ich innerlich Unruhe, Wut, Angst ...
- Wenn ich an das Spielen denke, habe ich ein ungutes Gefühl, aber ich verstehe, dass es meinem Kind Freude bereitet und ich würde gerne ein Teil davon sein.
- Ich habe früher gespielt und erinnere mich daran, dass ich Freude daran hatte. Ich will meinem Kind aber einen guten (vielleicht besseren) Umgang damit beibringen, als ich es als Kind/Jugendlicher /junger Erwachsener hatte.

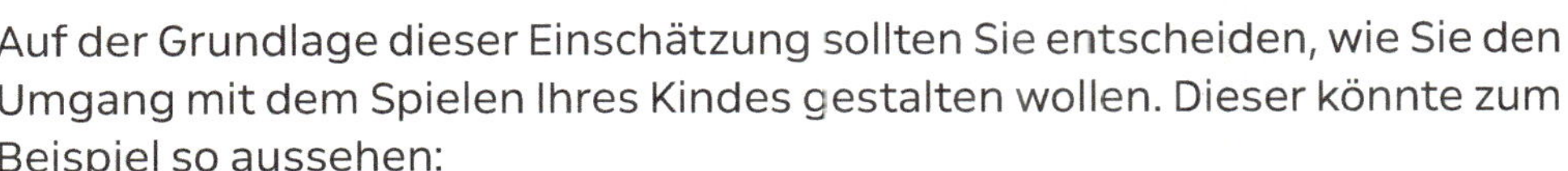

Auf der Grundlage dieser Einschätzung sollten Sie entscheiden, wie Sie den Umgang mit dem Spielen Ihres Kindes gestalten wollen. Dieser könnte zum Beispiel so aussehen:

- Sie vereinbaren mit Ihrem Kind die Regeln bezüglich des Spielens und setzen die Konsequenzen durch. Darüber hinaus möchten Sie mit dem Thema Spielen nichts zu tun haben.

- Sie möchten zusätzlich zu den Regeln und Konsequenzen gerne mit Ihrem Kind über den Inhalt der Spiele sprechen und mehr darüber erfahren.

- Sie möchten gemeinsam mit Ihrem Kind (leichtere) Spiele spielen oder sich von ihm ein Spiel zeigen lassen.

Alle diese Möglichkeiten sind vollkommen in Ordnung!

Wichtig ist dabei auch, was Ihr Kind möchte. Vielleicht möchte es Sie gerne in seine Welt der Spiele integrieren und mit Ihnen darüber sprechen. Vielleicht aber auch nicht. Wenn die Spiele für Ihr Kind etwas sein sollen, das es ausschließlich mit Freunden oder alleine macht, dann sollten Sie das auch respektieren.

Eine weitere Möglichkeit besteht auch noch:

- Sie spielen alleine oder mit Ihrem Partner oder Ihren Freunden.

Bitte nehmen Sie sich Zeit, dies umzusetzen, bevor Sie mit dem Buch fortfahren:

Schätzen Sie sich selbst ein und entscheiden Sie sich für Ihr weiteres Vorgehen in Bezug auf das Spielen. Ihre Entscheidung ist nicht in Stein gemeißelt, aber es wird Ihnen und Ihrem Kind gut tun, zu wissen, wo Sie stehen. Besprechen Sie es auch gemeinsam mit Ihrem Kind.

Ihr Partner sollte sich unabhängig von Ihnen entscheiden.

So möchte ich weitermachen:

Das sind die nächsten Schritte für mein Vorhaben:

VI. Abschluss und weiterführende Angebote

Dieses Buch soll ein Impuls sein, wie sich die Sichtweise auf das Thema „Computerspielen" verändern lässt. Sollten Sie jedoch merken, dass die hier beschriebenen Methoden in keiner Weise ausreichen und Sie weitere Hilfe benötigen, zögern Sie nicht, sich professionelle Hilfe zu holen. Diese kann zum Beispiel bei einer dafür zuständigen Beratungsstelle (Erziehungsberatungsstellen) oder einer ersten Beratung durch Ihren Hausarzt beginnen.

Weitere Angebote von meiner Seite:

- Individuelle Online-Beratung
- Online-Elterngruppe zum Thema „mein Kind spielt"
- Zusammenfassungen verschiedener Spiele auf einen Blick

Besuchen Sie mich hierzu gerne über: www.kindsugi.de
oder schreiben mir eine E-Mail über: info@kindsugi.de

Dieses Buch und auch alle weiteren beschriebenen Angebote ersetzen keine Psychotherapie oder medizinische Betreuung durch einen Facharzt. Bitte holen Sie sich rechtzeitig Hilfe, wenn Sie oder Ihr Kind diese benötigen.

Anhang – QR Codes

The Wolf among us
Trailer (nur ein kurzer Überblick)
https://www.youtube.com/watch?v=2wjrS18Tc0Q
YouTube-Kanal: gamesmag

The wolf among us
Let's Play (ganzes Spiel)
https://www.youtube.com/watch?v=PeGNkAud
kV8&list=PLGWGc5dfbzn9fgqRm5fMKVxnMZe
T7IlZf
YouTube-Kanal: Gronkh

Quantum Break
Trailer (nur ein kurzer Überblick)
https://www.youtube.com/watch?v=UES2kjy7QSo
YouTube-Kanal: Gamecheck

Quantum Break
Let's Play (ganzes Spiel)
https://www.youtube.com/watch?v=M3w1YlPR8Do
&list=PLsbE5r1F_cSL41q_L4RJntOuScDpeMnz7
YouTube-Kanal: Sarazar

Geoguessr
Trailer* (nur ein kurzer Überblick)
https://www.youtube.com/watch?v=Va36el_AP5U
YouTube-Kanal: WXYZ-TV Detroit | Channel 7
* Da ich hier keinen offiziellen Trailer finden konnte, hier eine kurze Vorstellung des Spiels ab der 20. Sekunde des Videos

Geoguessr
Let's Play (ganzes Spiel)
https://www.youtube.com/watch?v=YliiqdP-glk
YouTube-Kanal: Hans & Chris – E-Learning by Doing

Geoguessr
Probespielen
(kostenlose Version zum Spielen verfügbar)
https://www.geoguessr.com/de

ABZÛ
Trailer (nur ein kurzer Überblick)
https://www.youtube.com/watch?v=P2G54w8H4oM
YouTube-Kanal: PlayStation

ABZÛ
Let's Play (ganzes Spiel)
https://www.youtube.com/watch?v=atAaogVEZGU&list=PLGWGc5dfbzn-RtT9kMcO-4nqA9WUguO4C
YouTube-Kanal: Gronkh

Heavy rain
Trailer (nur ein kurzer Überblick)
https://www.youtube.com/watch?v=upFFT6pl7zl
YouTube-Kanal: MrRyda1

Heavy rain
Let's Play (ganzes Spiel)
https://www.youtube.com/watch?v=OHMHjs0N98M&list=PLNO4FREMyM4c_DTX2mrWXBgzLB-_NuTNX
YouTube-Kanal: Bruugar

11–11 Memories Retold
Trailer (nur ein kurzer Überblick)
https://www.youtube.com/watch?v=uFjuBSfH3BE
YouTube-Kanal: Playstation

11–11 Memories Retold
Let's Play (ganzes Spiel)
https://www.youtube.com/watch?v=rN7Vot-llNw&list=PLzdzXLVB8qvkIuR8IWOyBje8iXiKR70Aj
YouTube-Kanal:
Tastenhauer – Gespielte Geschichte

Bildnachweise

Cover: Annomaria über Pixabay

S. 7 oben: von OpenClipart-Vectors über Pixabay

S. 7 unten: von Pixaline über Pixabay

S. 9 oben: von alexiafoutenay über Pixabay

S. 9 unten: von OpenClipart-Vectors über Pixabay

S. 10: von MoteOo über Pixabay

S. 11 oben: von OpenClipart-Vectors über Pixabay

S. 11 unten: von DavidRockDesign über Pixabay

S. 12: von MoteOo über Pixabay

S. 14: von kirillslov über Pixabay

S. 15: von DavidRockDesign über Pixabay

S. 17 oben: von GraphicMama-team über Pixabay

S. 17 unten: von OpenClipart-Vectors über Pixabay

S. 18 oben: von GraphicMama-team über Pixabay

S. 18 unten: von OpenClipart-Vectors über Pixabay

S. 19 oben: von GraphicMama-team über Pixabay

S. 19 unten: von OpenClipart-Vectors über Pixabay

S. 21: von Surprising_Shots über Pixabay

S. 22: von OpenClipart-Vectors über Pixabay

S. 23: von SashaSan über Pixabay

S. 24: von cromaconceptovisual über Pixabay

S. 25 oben: von Manuchi und von OpenClipart-Vectors über Pixabay

S. 25 unten: von OpenClipart-Vectors über Pixabay

S. 26 oben: von Manuchi und von OpenClipart-Vectors über Pixabay

S. 26 unten: von OpenClipart-Vectors über Pixabay

S. 27 oben: von Manuchi und von OpenClipart-Vectors über Pixabay

S. 27 unten: von OpenClipart-Vectors über Pixabay

S. 28 oben: von Manuchi und von Mohamed_hassan über Pixabay

S. 28 unten: von OpenClipart-Vectors über Pixabay
S. 29 oben: von Manuchi und von KatarzynaTyl über Pixabay
S. 29 unten: von OpenClipart-Vectors über Pixabay
S. 30 oben: von Manuchi und von Mohamed_hassan über Pixabay
S. 30 unten: von OpenClipart-Vectors über Pixabay
S. 31: von GraphicMama-team über Pixabay
S. 32: von zazufiane über Pixabay
S. 33: von GraphicMama-team über Pixabay
S. 34: von KatarzynaTyl über Pixabay
S. 35: von OpenClipart-Vectors über Pixabay
S. 36: von zazufiane über Pixabay
S. 37 oben: von OpenClipart-Vectors über Pixabay
S. 37 mittig: von Guggenberger_El über Pixabay
S. 37 unten: von jette55 über Pixabay
S. 38 oben: von Mohamed_hassan über Pixabay
S. 38 unten: von cromaconceptovisual über Pixabay
S. 39: von Mohamed_hassan über Pixabay
S. 40: von Memed_Nurrohmad über Pixabay
S. 41 und 42: von OpenClipart-Vectors über Pixabay
S. 43: von Clker-Free-Vector-Images,
von Guggenberger_El und von jette55 über Pixabay
S. 45: von Mohamed_hassan über Pixabay
S. 47 von OpenClipart-Vectors über Pixabay

Harlich H. Stavemann & Wiebke Bergmann

Auf ins Leben!

Wie Kinder selbstsicher, motiviert und zuversichtlich werden

120 Seiten
EUR 14,95
ISBN 978-3-87159-230-0

Schon im Kindesalter werden viele Weichen für die künftige Entwicklung gestellt. Die Psychotherapeut*innen H. Stavemann und W. Bergmann sind täglich mit den Auswirkungen ungünstiger Erziehungserfahrungen konfrontiert, unter denen Kinder, Jugendliche und auch Erwachsene noch leiden.

Mit diesem Ratgeber möchten sie Eltern und Erziehenden in Kita und Schule Erziehungsideen und praktische Tipps an die Hand geben, um solchen leidvollen Entwicklungen vorzubeugen.

Nikki Giant

Lebenstraining für junge Leute

Ein Übungsbuch mit Arbeitsblättern zum Kopieren

160 Seiten, Großformat
EUR 16,80
ISBN 978-3-87159-239-3

Das Lebenstraining möchte jungen Menschen dabei helfen, leben zu lernen, d. h., es soll all das auf den Stundenplan gesetzt werden, was in der Schule leider nicht oder zu wenig behandelt wird, wie z. B. das eigene Selbstwertgefühl aufzubauen, seine persönlichen Ziele zu erarbeiten, Kommunikation einzuüben oder sich mit konkreten, Probleme verursachenden Themen wie Mobbing, Angst oder negativem Körperbild auseinanderzusetzen.

Kate Collins-Donnelly

Wie man den eigenen Stress bewältigt

Ein Trainingsbuch für junge Leute

96 Seiten
EUR 18,–
ISBN 978-3-87159-263-8

Dieses Trainingsbuch wendet sich an junge Menschen, die unter Stress leiden und etwas dagegen tun wollen. Es zeigt anschaulich, warum wir uns gestresst fühlen, welche Wirkungen Stress hat und wie er bewältigt werden kann. Die Fragestellungen und Übungen können je nach Alter eigenständig oder mit der Hilfe von Eltern oder Begleitpersonen bearbeitet werden.

Das Buch ist leicht verständlich geschrieben und eignet sich für junge Menschen ab zehn Jahren.

Kate Collins-Donnelly

Wie man die eigene Wut bekämpft

Ein Trainingsbuch für junge Leute zu mehr Gelassenheit

64 Seiten
EUR 12,–
ISBN 978-3-87159-294-2

Das Buch hilft seinen Leser*innen zu verstehen, wie sie ihre frustrierenden Reaktionen auf Fehler und Misserfolge auffangen können, indem sie ihre Sichtweisen und ihr Denken verändern. Damit ist es ein didaktisch hervorragend konstruiertes Trainingsmanual für den produktiven Umgang mit dem eigenen Ärger, das für Kinder und Heranwachsende mannigfache Hilfestellungen bietet.

dgvt-Verlag • Hechinger Str. 203 • 72072 Tübingen
Tel.: 0 70 71 / 79 28 50 • Fax: 0 70 71 / 79 28 51
E-Mail: mail@dgvt-Verlag.de • Internet: www.dgvt-Verlag.de

Ben Sedley

Stuff that Sucks – Wenn alles nervt

Eine Anleitung für Jugendliche zu akzeptieren, was du nicht ändern kannst und dich auf das zu konzentrieren, was du ändern kannst

108 Seiten
EUR 16,90
ISBN 978-3-87159-234-8

Es stimmt, es gibt Zeiten im Leben, in denen alles irgendwie nervt. Aber was wäre, wenn du dich, anstatt deine Gefühle von Traurigkeit, Angst oder Ärger zu bekämpfen, auf die Dinge konzentrieren würdest, die dir wirklich wichtig sind?

Stuff that Sucks bietet Skills, die dabei helfen, Gedanken und Gefühle zu akzeptieren statt sie zu bekämpfen.

Nina Schmidt, Uta Ehlers, Sören Kuitunen-Paul & Paula Kuitunen

Hanna alleine

Ein Kinderfachbuch über Trennungsangst

88 Seiten, Hardcover, mit einem Fachteil mit Hintergrundinformationen
EUR 24,–
ISBN 978-3-87159-164-8

Eigentlich möchte Hanna gerne zur Schule gehen. Doch immer, wenn sie sich von ihrer Mama trennen soll, fängt sie an zu weinen oder wird krank.

Hanna alleine beschreibt den Alltag eines Kindes mit krankhafter Trennungs- und Verlustangst und kann so für betroffene Kinder und ihre Familien sowie für Fachkräfte im pädagogischen Bereich als Unterstützung dienen.